中华中医昆仑

董建华

学术评传

张镜源◎主编

中国盲文出版社

图书在版编目（CIP）数据

董建华学术评传（大字版）/ 张镜源主编. —北京：中国盲文出版社，2015.12
（中华中医昆仑）
ISBN 978-7-5002-6747-8

Ⅰ.①董…　Ⅱ.①张…　Ⅲ.①董建华—评传
Ⅳ.①K826.2

中国版本图书馆 CIP 数据核字（2015）第 302884 号

董建华学术评传

主　　编：张镜源
责任编辑：戴皓宁
出版发行：中国盲文出版社
社　　址：北京市西城区太平街甲 6 号
邮政编码：100050
印　　刷：北京华联印刷有限公司
经　　销：新华书店
开　　本：700×1000　1/16
字　　数：42 千字
印　　张：6.25
版　　次：2015 年 12 月第 1 版　2016 年 3 月第 2 次印刷
书　　号：ISBN 978-7-5002-6747-8/K·376
定　　价：12.00 元
销售服务热线：（010）83190297　83190289　83190292

丛书编委会

前　言

中医药是中华民族的伟大创造，是世界医学宝库中的夺目瑰宝，数千年来为中华民族的繁衍昌盛作出了巨大的不可磨灭的贡献，至今仍是中国医药卫生事业不可分割的重要组成部分，在维护民族体魄康健、促进经济社会发展中发挥着不可替代的作用。

中医药学，是中华传统文化和科技文明的结晶，是勤劳聪慧的中华儿女在几千年生产生活实践中，在与疾病作斗争的过程中，创造的独具特色的医学科学体系。它有着浓郁的民族特色、深厚的文化底蕴和丰富的哲学内涵。经过一代又一代中医药传人、一辈又一辈名医大家的实践探索、薪火传承、总结完善、创新发展，逐步形成了系统的理论体系、独特的诊疗方法、丰富的医学内容、实用的制药技术。具有疗效确切、用药安全、应诊灵活、普适简廉和预防保健作用显著的巨大优势，在世界医学之林独树一帜，为人类的文明进步与医疗保健事业，已经并正在作出积极的贡献。

为了弘扬中华民族传统文化，彰显中医药学家的丰功伟绩，当代中医药发展研究中心与中国文学艺术界联合会、国家中医药管理局新闻办公室、中华中医药学会、中国中医科学院、北京中医药大学、世界中医药学会联合会等精诚合作，在国家中医药管理局的支持和指导下，为中华近现代百年来贡献卓著、深受敬仰的150位中医药学家，编撰出版了这部大型传记丛书。丛书采用评传体裁，记载他们的生平事迹、医术专长、学术思想、传承教育、医风医德、养生之道和突出贡献，使这些宝贵的医学成就和精神财富发扬光大，千古流芳。

丛书取名《中华中医昆仑》。昆仑山，被尊为“万山之祖”，柱西北而瞰东南，立中国而凭世界，凌驾乾坤，巍然屹立。以其高峻豪迈、绵延起伏的磅礴气势，寓意中华中医药学历史悠久、博大精深和永不衰竭；以其挺拔雄伟、高耸入云的恢弘气魄，彪炳一代中医药学家的丰功伟绩、杰出贡献和不朽勋业。

丛书入选传主，从全国范围推荐遴选，遍及中医药界各个领域。有临床家、理论家、药学家、教育家、医史文献学家；有名师亲授、世医家教、学派传人、院校毕业和自学成才者；有师徒并驾、父子齐名和伉俪联袂者。他们学术造诣深厚、诊疗技术精湛、临床经验丰富、学科地位崇高、科研成果丰硕、医风医德高尚、国内外影响较大，从医学理论到临床实践，为中医药事业的传承和发展作出了突出贡献，是近现代百年来中华中医药界的杰出代表。

丛书的出版，对于弘扬中华文化，振兴中医药事业，造就中医药人才，普及中医药知识，具有重要的现实意义和深远的历史意义。这是一项开创性工作，填补了我国为著名中医药学家大规模撰写传记的空白；也是一项抢救性工作，因入选传主已仙逝过半，许多亲历、亲见、亲闻的史料日见散逸，将之收集整理、编撰成书，功垂后世、利国利民；更是一项承前启后的工作，总结传主经验，传承中医药伟业，继往开来，光耀世界医学之林。这部医文结合，富蕴历史性、学术性、文学性和实用性的鸿篇巨制，对医疗、卫生、科研、教育及全球关注中华中医药文化的各界人士，都有重要的参考和阅读价值。

丛书的编撰出版，是一项巨大的中医药文

化建设工程，在策划、撰写、编辑、出版过程中，自始至终得到了国家有关领导、政府部门及社会各界人士的关心和支持。国家中医药管理局高度重视，并组织专家对全书进行终审；数百名专家、学者亲临指导，参与规划；有关省、市、自治区卫生厅、局、中医局（处）给予大力帮助；传主及其亲属、弟子热情支持、密切配合；撰稿人深情满怀、辛勤笔耕；编审专家尽心竭力、精工细琢；关爱中医药事业的企业家热心公益、慷慨资助；全体工作人员不辞辛劳、无私奉献，这一切使丛书得以顺利出版。对此，我们深表谢意。

由于时间紧迫和资料搜集困难，加之水平有限，难免有疏误之处，敬请广大读者批评指正。

中华中医药学，历史悠久，源远流长，发端于远古，奔向于未来。百年对于历史，不过是短暂的瞬间；百人对于万众，不过是沧海一粟。然本丛书所记载的百年百人，则无疑是波澜壮阔的中医药发展史上辉煌的篇章和光芒闪烁的璀璨星辰。

张镜源

目录

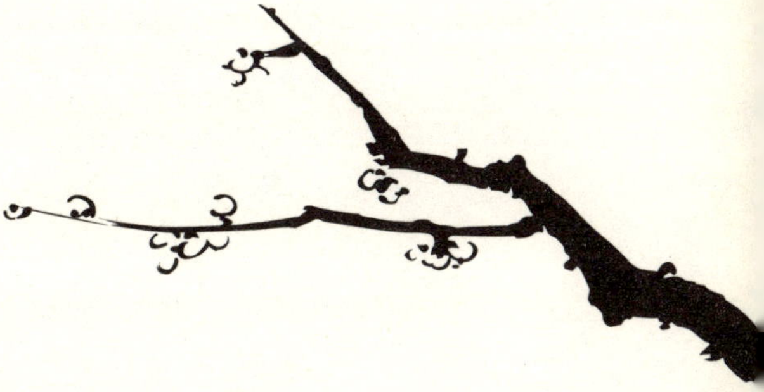

我已经是年逾花甲的人了，在有生之年，我还要为发展祖国传统的医药事业奋斗不懈。

——董建华

1987年3月25日，喀麦隆总统偕夫人来中国进行友好访问。27日，访问团完成北京的访问日程，正准备乘29日的飞机前往上海继续访问时，总统突然发起高烧，感觉头重脚轻，耳鸣目眩。

外交部赶紧安排总统去北京的一家西医医院治疗。然而，这家西医医院的医生们因检查不出总统的病因而不敢贸然用药。此时已经是27日的午夜3点钟。外交部立即商请卫生部出面邀请有关专家会诊。卫生部决定请北京东直门医院的一位老中医会诊。外交部立刻派车把这位老中医接来。但见那老中医身躯微微前倾，伸手搭上总统的脉，屏息凝神，面色异常沉静。一秒，二秒，三秒……时间飞快地流逝着，周围人的心都悬在了嗓子眼儿。终于，老中医停止把脉。出乎大家意料的是，老中医并没有立刻开中药处方，而是仔细翻阅总统的西医化验报告：血常规、B超、心电图……看完西医化验报告，他拿起笔，又放下，再拿起笔，苦苦地思索着。最后，他胸有成竹，迅速写下中药处方。老中医告诉总统："以此方拿两副药，共煎4次，今夜服1次药睡觉，明天再服3次药，后天总统的上海之行应当没有问题。"

拿着药方，外交部的官员立刻去北京同仁堂取药。同仁堂的师傅按方煎出4剂药，让外交部官员趁热送给总统服下。第二天又服了3剂。果然，喝下4剂药后，总统的高烧全退了。总统带领访问团按原计划飞往了上海。

从上海回到北京准备回国前，总统和夫人执意要求再见一次那位老中医。见面时，总统道出了万分感谢之情。临别时，总统拿出一个精致的巴蒙木盒子（一种产自喀麦隆南部的贵重礼品盒），赠给老中医。老中医微笑地问："这礼物是什么？"总统说："这是我送给你的5万美元酬金。"老中医婉言谢绝了，并解释道："救死扶伤是医生的职责所在，即便是一个普通人病了，我也应当尽全力救治，何况总统先生是我国的贵宾呢。这酬金我绝对不能收！"

这位具有神奇医术的老中医，就是著名的中医学家董建华。他毕生致力于中医教育和临床研究，尤其擅治脾胃病、温热病。他对妇科、儿科、肿瘤科、精神神经科疾病的治疗也有很深的造诣。他是中国工程院院士，博士研究生导师。他曾任北京中医学院（今北京中医药大学）温病教研组组长、内科教研室主任，东直门医院内科主任，东直门医院副院长，北京中医药大学学术委员会主任，中国中医药学会内科学会主任委员、名誉主任委员。历任全国政协第五届委员，全国人民代表大会第六、七、八届常务委员会委员，全国人大科学教育文化卫生委员会委员。

拜师上海　悬壶青浦

董建华（1918—2001），上海市青浦县人。祖父董杏园，是一位医术高明的中医眼科大夫。祖父虽然没有留下中医著作，但是祖父的医德和教诲让董建华终生难忘。祖父曾对董建华说：“人命至重，贵于千金。一方救之，功德无量。”

董建华的外祖父张锡虞，是个秀才出身的儒医。他的儒雅风范，乡里闻名。有一年，乡里的一个小女孩高烧 10 余天不退，昏迷不醒，惊厥时发，滴水未进，危在旦夕，病儿的家人焦急万分。

正巧董建华的外祖父那天去女孩家做客，他看了看病儿的舌苔，摸了摸体温，把了把脉搏，瞧了瞧指纹，问了问病情，然后先用推拿手法，使病儿神志清醒，接着再配合清热息风平肝的中药汤剂。病儿吃了两剂药后高烧退去，也能进食了。董建华自小耳濡目染，幻想着有朝一日能有像外祖父那样高明的医术。

董建华的父亲董宝麟，没有子承父业，他是杭州九成绸缎公司的会计师。董建华幼时，父母对他教育严格，要求他每天练习写毛笔字，所以他练就了一手好字。后来，他给病人写药方，不仅速度快，而且字体很有功力。

父亲在 33 岁时患严重的肺结核病逝。去世前，他把董建华叫到床前说："长大了最好是去学医。我这么年轻就患了这种不治之症，西医和中医都没有救法。你一定要当一个好大夫，治病救人，保全家人。"是年，董建华只有 11 岁，他把父亲的遗言牢牢地记在心里。

母亲为了能实现丈夫的遗愿，先后送董建华去秀才邹谱生、贡生（明、清两代由府、州、县学推荐到京师国子监学习的人）赵雪炎那里学习古文。3 年后，董建华的古文知识大有长进，为他日后阅读大量的中医典籍，成为一代名医打下了基础。

董建华 16 岁时，已经长得高大魁梧，一表人才。曾有人请他去做米店的经理，但是董建华学医的决心早已下定，他婉言谢绝了。董建华由母亲带着，去向当时大名鼎鼎的严二陵医生学医。严二陵的夫人也姓董，与董家是远房亲戚。

严二陵（1901—1981），早年师从林衡甫学习中医，1921 年在上海南市王家码头开业，后与石筱山、顾筱岩齐名，被人尊称为上海南市的中医“三鼎”。来严二陵诊所求诊的人络绎不绝，从早晨 9 点一直要看到下午 5 点，一天要看近百名病人，午饭只能吃些点心。严二陵性格豪爽，交友甚广。他是荣毅仁家的保健大夫。梅兰芳与他义结金兰，梅葆玖称他为义父。

严二陵医德高尚，无论病人贫富贵贱，一

视同仁。他对待病人态度和蔼，体贴细微，贫者可以免除挂号费，甚至许多贫困的人可以免费治病。

严二陵收徒弟，入门费需要500块银元。当时，一般中学教师的月薪只有6块银元。严二陵非常同情董建华家的境遇，加之又是远房亲戚，他只收取了200块银元。董建华入门拜师那天，点燃了两支1斤重的大红蜡烛，送给师母1匹高档绸缎，给师傅、师母磕头行拜师大礼。

入门之初，董建华学习并不努力。他自认为有名师传授，自然是“名师门下出高徒”，即使成不了高徒，做一个行医郎中一定是轻而易举的事。严二陵对学生的要求非常严格，要求学生必须阅读大量中医典籍，而且还要逐字、逐句、逐条地背诵。由于学习不认真，董建华的成绩一直无明显进益。他开始怀疑自己是不是当“良医”的材料。严二陵发觉以后，要董建华抄一篇古文。古文云："天下事有难易乎？为之，则难者亦易矣；不为，则易者亦难矣。人之为学有难易乎？学之，则难者亦易矣；不学，则易者亦难矣。吾资之昏不逮人也，吾材之庸不逮人也，旦旦而学之，久而不怠焉，迄乎成而亦不知其昏与庸也。吾资之聪倍人也，吾材之敏倍人也，摒弃而不用其与昏庸无以异也。"

第二天，严二陵问董建华懂不懂那段古文。董建华毫不犹豫地说"懂"。严二陵再问："那你再说说学医难不难？""难！"董建华不假思索地说。

严二陵深深地叹了口气，说："看来你还没有真正读懂那段古文。"董建华异常尴尬，竟一句话也说不出来。

严二陵缓和地说："学医，亦难亦容易；不学不问不读不记不用，虽易亦是难事。韩愈说得好：'业精于勤荒于嬉，行成于思毁于随。'

一个人要想在医学上有成就，一要靠勤，二要靠思。要勤于学，敏于思。”

接着，严二陵又向董建华提了两个问题：孙思邈的《千金要方》是什么年代著的？李时珍的《本草纲目》又是如何写出来的？董建华无言以对，因为他根本不知道。

严二陵耐心地用孙思邈和李时珍的故事激励董建华，希望他不辜负父亲的遗愿。听了严二陵的教诲，董建华终于明白了难与易的道理，立志要把前人的知识变成自己的知识财富。董建华先后攻读了《黄帝内经》、《难经》、《伤寒论》、《金匮要略》、《诸病源候论》、《丹溪心法》、《景岳全书》、《温病条辨》、《医学心悟》、《时病论》等10多部中医典籍。他一边读，一边做摘录，加注释，写心得笔记，逐步养成了“不动笔墨不看书”的习惯。有时为了弄通一段经文，研究一个病案，翻阅资料常常通宵达旦。

严二陵一边严格要求学生努力熟悉中医典

籍，一边要求他们多接触临床。学生每天随他侍诊。侍诊时，严二陵坐在诊室的中央给病人看病，坐在周围的一位学生高声报告并记录严二陵的辨证，另一位学生高声报告并记录严二陵的药方，其他学生做笔记。通过这种教学方式，严二陵让学生最大限度地分享他的临床经验。

有一次，一位年仅16岁的少年被抬进诊室。这个少年发热已经有半个多月，用药出汗后也不退烧，神志已经开始昏迷。严二陵仔细观察病人，发现病人嘴唇发焦，烦闷不安，脉弦数带滑，舌质红，舌苔垢浊。他判断，病人体内有邪毒，而且邪毒内陷，痰浊蒙蔽清窍。他向学生们解释道："病情已属危候，医家均感棘手，姑拟背水一战，俾痰祛浊化，邪毒壅遏局面豁然开朗，透达于外，可能转机，治以救液生津、涤痰开窍法，此乃拨云见日之意。"

然后，严二陵开出第一个处方：鲜生地

60g，鲜石斛 15g，鲜沙参 15g，苦桔梗 4.5g，白僵蚕 12g，清豆卷 15g，双钩藤 12g，陈胆星 9g，鲜菖蒲 9g，鲜竹沥 60g，牛黄至宝丹 2 粒。

次日凌晨，病人来复诊。这时的病人，视之神志略清。据家人说，病人服药后涌吐痰涎黏浊甚多，舌垢渐薄，频欲饮水。脉象弦滑且数，又见肌肤灼热，烦躁不安。严二陵诊后说："论证据脉，虽未出险，乃邪毒外达之象，必有疹痦发出，仍需再接再厉，以希逐步好转。"于是，严二陵开出第二个处方：西洋参 9g，鲜生地 30g，鲜石斛 15g，朱连翘 12g，清豆卷 15g，白僵蚕 12g，制胆星 9g，金银花 12g，鲜菖蒲 9g，鲜茅芦根各 30g，鲜竹沥 60g，牛黄至宝丹 1 粒。

又过了几天，病人三诊时果然红疹、白痦齐布，身热渐退，伴有咳嗽，思吃稀粥。严二陵说："邪从外达，肺胃得行清肃之令，可以额手称幸矣。大便连日不通，兼顾行腑运畅。”严二陵再开出第三个处方：西洋参 6g，鲜石斛 12g，清豆卷 12g，金银花 12g，朱连翘 12g，香青蒿 9g，川贝、浙贝各 6g，苦杏仁 12g，制胆星 4.5g，大腹皮 9g，鲜茅根、鲜芦根各 30g，凉膈散 12g（包）。

几天后再来四诊时，病人大便已经通畅，自觉神清气爽。严二陵为学生总结说：“春温，病多发于春季。适逢春气外升之机，热自内陷，颇易伤及津液。治疗时要重点顾及津液，这是治疗的大法。本案患者为邪毒内陷、痰浊闭窍之危候，属春温重症。以救津生津、涤痰开窍之法，力挽狂澜，一剂而神清，再剂而促疹瘖外发，以泄毒热。”

董建华跟严二陵随诊治愈了许多病人，逐步体会到严二陵治病救人的高明医术和高尚医德。董建华特别崇尚严二陵治疗温病的医术，因为严二陵用药主张轻可去实，以柔克刚，多用甘温、甘凉、甘平之剂，最忌攻伐，重视养阴。严二陵治疗温病的特点，董建华都牢记在心。

随严二陵学医需要 6 年：前 3 年学习内容偏理论，后 3 年则偏临床。1941 年，董建华完成学业，打算独自开业行医，得到严二陵的支持。董建华决定回老家上海青浦县开业。

独立开业并不轻松。虽然董建华可以挂出“名医严二陵之高徒”的招牌，但是病人最终还是会根据疗效做出选择。所以董建华开业后谨慎小心，丝毫不敢懈怠。如果开业两三年，诊所还是经营惨淡，那么只能关门了事。

青浦县人有一个习惯：大家愿意去新诊所看病，试一试新大夫的医术。县里的老病号们听说新开了一家诊所，纷纷来找董建华看病。董建华思量着：如果他治好了老病号的病，就会有好的口碑；倘若治不好，就会“坏事传千里”。所以，董建华治疗时，全神贯注，使出浑身解数。

董建华观察到老病号有一个共同的问题：体质虚弱，进补不足。他根据病人脾胃的好坏、体质的强弱，基于中医的辨证施治制订出一套针对不同病人具体情况的治疗方法。

首先，辨明气血。胀者为气，痛者入血。理气，可用苏梗、香附、陈皮、枳壳、佛手等。活血，可用金铃子、延胡索、刺猬皮、炒九香虫、炒五灵脂等。出血重的则需要加蒲黄炭、三七、乌贼骨、阿胶珠等。

其次，辨明部位。《灵枢·营卫生会》云："上焦出于胃上口，并咽以上，贯膈而布胸中；中焦亦并胃中，出上焦之后；下焦者，别回肠，注于膀胱而渗入焉。"病位偏上焦的，可用旋覆花、柴胡等；病位在中焦的，可用陈皮、佛手、砂仁等；病位在下焦的，可用乌药、小茴香、川楝子等。

第三，辨明温凉。温而通滞，多用荜澄茄、

乌药、木香等。凉而通滞，常选枳实、槟榔、荷梗等。伤阳者，辛甘通阳，如饴糖加桂枝，大枣配生姜。伤阴者，甘凉濡润，加北沙参、石斛、芦根等。

第四，辨明轻重。腑滞轻者，可用枳壳、槟榔。较重者，可用枳实、厚朴等。重者，可用生大黄，或少量玄明粉。阴伤用玄参，阳伤用肉苁蓉；气虚用生白术，血虚用全当归。青浦县的病人特别喜欢董建华的进补法，吃下他开的补药，人的身心都非常舒服。究其原因，是董建华能做到对症下药，力求疗效。

青浦县地势低平，地下水位较高，东片河港交错，西片湖荡群集，西北部跨越青浦、昆山两县的淀山湖，10 万亩烟波浩渺。

董建华出诊交通十分不便，他必须摇着一叶小舟，往来于诊所和病人住所之间。无论夏季烈日炎炎，还是冬季天寒地冻，只要有人请诊，他都会义无反顾地前往。对路远来诊的重病人，他还腾出自家的房间让病人休息。他对病人和蔼可亲，一视同仁。遇见穷人，他常常给予免费治疗。

董建华在青浦县开业行医，不仅承袭了严二陵的医术，还发扬了严二陵的医德，很快便受到青浦县人们的爱戴，他的小诊所办得蒸蒸日上。虽然是初出茅庐，但他的医术医德已经得到县里中医同行的尊重。董建华悬壶青浦已经有了稳定的根基。

南京深造　北京成名

20 世纪 50 年代初，当时的卫生部对保护和发展中医认识不足，措施失当，中共中央及时发现了这个问题，并加以纠正。为了迅速挽救中医事业已经蒙受的损失，中共中央要求省委第一书记亲自抓中医。江苏省委调时任省统战部副部长的吕炳奎组建了江苏省中医师资进修学校（现南京中医药大学）。吕炳奎决定广招省内业有所成的青年中医师进校学习，把他们培养成未来中医事业发展的中坚力量，董建华幸运地入选。进入南京中医师资进修学校学习，是董建华人生道路的一次重要转折。

此事过程还有曲折。由于董建华为青浦县中医事业所作的贡献，受到当地人民的拥戴，被选为县人民代表大会代表。县政府准备送年轻有为的他去南京深造，而他却想把这个学习机会让给别人。他推荐了青浦县另一位有才华的中医师何程志。然而不巧，何程志出于家庭原因不愿离开青浦县。最后，县政府进行说服，董建华才欣然前往南京进修。

江苏省中医师资进修学校建校初期，没有适合培养中医师资的教学计划、教材及师资力量，只能白手起家。学校领导认为，学生中有许多人已经独立行医多年，有较丰富的理论和实践经验，他们缺少的是系统的中医知识，因此最好的教学方法是让他们相互交流切磋。于是，学校采取了老师教、学生互教、师生互教等教学形式。经过教学实践，学生提高了理论水平和临床经验。同时老师和学生又在集体讨论的基础上，编写了多种教材。在两年多时间内，师资进修学校共培养了两百余名各科师资，编写出版了 27 种教材，总结并取得了中医课堂教学的宝贵经验。后来成为名医的董建华、程莘农、杨甲三、王绵之、颜正华等，都是从这所学校走出来的。

董建华在江苏省中医师资进修学校学习，如鱼得水。凭借从严二陵那里学到的中医理论及在青浦县独立行医获得的临证经验，他的才能从众多同学中脱颖而出，他以优秀的成绩毕业。毕业后，学校决定让他留校担任伤寒教研室负责人，要求他在本校讲课之外，到各县轮流授课。

1957 年 7 月，吕炳奎找董建华谈话，希望他能去北京中医学院任教。北京中医学院成立之初，由于建校条件准备不足，教学设施十分简陋，没有课桌，学生只能坐在马扎上听课；教师也尚未配齐。国务院总理周恩来得知后，要求迅速改善北京中医学院的办学条件并加强师资力量。卫生部决定从已有办学经验的江苏省中医师资进修学校抽调优秀人才充实北京中医学院。吕炳奎鼓励董建华去北京任教即缘于此。

起初，董建华不愿意去北京，因为他十分怀念家乡的父老乡亲，盼望早日回乡。吕炳奎找董建华谈了两次话，董建华仍然不同意。第三次谈话时，吕炳奎开诚布公地说:“去北京中医学院，你的前途不可限量啊!”经这一点拨，董建华如梦方醒，终于答应了。

北京中医学院对董建华十分器重，任命他为温病教研室主任。而董建华也不负众望，把全部知识和经验毫无保留地贡献出来。

1963年，董建华被调至北京中医学院附属东直门医院任内科主任。1978年，又被任命为东直门医院副院长。卸任后，又回到学校担任北京中医学院教授、顾问。

非常重视中医临床的董建华自从来到东直门医院，感觉如鱼得水，工作更加努力。在担任东直门医院副院长期间，董建华兢兢业业地为东直门医院的建设出谋划策，作出了许多贡献。其中最被大家称赞的是成立中医内科急诊室。他认为，中医治疗急症的潜力还远远没有被发掘出来，成立中医内科急诊室就是以临床作突破口，去探寻中医治疗急症的潜力。为了使中医内科急诊室早一天走上正轨，他身先士卒去坐门诊，目的是用自己的知识和经验快速推进中医内科急诊室的成长。他甚至要求值夜班的大夫，一旦病人出现急症，即使是在半夜，也要打电话告诉他来急诊室，他必须亲自辨证施治。

董建华积极推动中医走出国门，为中医走向世界作出了积极的贡献。1974 年，董建华作为中国卫生代表团顾问，出席了在日内瓦举行的联合国第二十七届世界卫生大会，在会上作了题为《中国传统医药学在保障人民健康与改善环境卫生方面所起的积极作用》的报告，引起了与会代表的极大兴趣。1981 年，他应邀出席了在日本东京举行的东洋医学会学术年会，在会上作了题为《温病学说研究》的报告，受到与会者的好评。1984 年，他出席香港中医药学术会议，并作了《中医治案十则》的报告。

董建华不仅为东直门医院的建设作出了杰出贡献，而且还积极从事社会活动。1978 年，董建华当选为全国政协委员；其后被选为中华医学会理事，担任了中华全国中医学会（1991 年改称中国中医药学会）常务理事、中医内科学会主任委员，国家科学技术委员会中医专业组成员，卫生部学术委员会委员等职务。

1983 年，董建华当选为中华人民共和国第六届全国人大常务委员会委员及全国人大常务委员会教育科学文化卫生委员会委员。每次全国人大开会期间，他都利用会议间隙，出面组织中医代表聚会，交流中医发展情况。这种畅所欲言、轻松自如的聚会，不仅有利于一些中医事业规划中具体问题的解决，而且还能集思广益。他们就曾成功提出成立国家中医管理局的建议。1984 年 5 月 30 日，在全国人大中医界代表的一次聚会上，大家达成一个共识，即中医的发展需要一个专门的管理机构，并应将中医发展事业经费单独列入国家预算。这个共识后来由董建华以提案形式两次在人大会上提出。根据人大代表们的提议和发展中医事业的需要，国务院决定成立国家中医管理局。考虑到中医历史上有“医药一体”的传统，董建华等中医界代表又提议将中药生产与管理归于国家中医管理局统一管理。国务院采纳了他们的建议，于 1988 年决定将国家中医管理局变更为国家中医药管理局。从此，中医药管理有了专门的机构。

董建华身居全国人大常委要职，又有工程院院士的学术地位，这使他时时感到强烈的责任感、使命感。他深入调查研究关乎中医发展的全局问题，殚精竭虑，周密思考，并以八大建议的形式提出。

建议一：继承与创新必须结合

中医学理论成为一种系统的科学体系，从《黄帝内经》算起，有两千多年的历史。历史上曾经涌现过扁鹊、华佗、张仲景、孙思邈、李时珍、叶天士、李东垣、吴鞠通、王清任等一大批杰出的医学家。他们既有精深的医学理论，又有丰富的临床经验。

先辈们的医术曾领先于世界。发展中医学，首先必须继承这些宝贵的遗产。一门科学的发展，都须经历从低级到高级、从片面到全面、从简单到复杂、从不完善到逐步完善的循序渐进的发展过程。中医学发展的历史，完全证明了这个过程。例如《难经》的学术观点是从《内经》中继承来的，同时又系统地总结了当时丰富的临床实践经验，在某些方面又发展了《内经》的学术思想。

吴鞠通的《温病条辨》是继承了叶天士的

学说，又吸取了吴又可的经验，将历代名医的著作，去粗取精，融入自己独到之见，成为别树一帜、自成一家的温病名著。没有继承，就没有创新和发展，继承是发展与创新的基础和前提。为什么近百年来我国中医学的水平提高十分缓慢？一个重要的原因，就是对祖国医学遗产的继承、挖掘、整理和提高的工作做得太少。从事中国医学史系统研究和整理工作的，从事《内经》、《难经》、《伤寒论》、《金匮要略》、《千金要方》、《温病条辨》和《医宗金鉴》的整理和普及工作的科学工作者，更是凤毛麟角。没有足够数量有研究能力的人员及充足的资金，去系统地挖掘整理和继承祖国医学遗产，怎么谈得上发展和创新呢？

只有充分认识中医理论的科学性，充分认识中医科学在保障人民健康中的重要作用，尊重中医科学，才能更好地去整理、挖掘和继承这份宝贵的遗产。当然，继承不是目的，继承不过是一种手段，是要通过继承，在继承的基础上开创我国中医科学的新局面。只有继承，没有创新，中医理论就永远停留在一个水平上，原地踏步，就不会发展，不会前进。不讲继承，空谈创新，没有基础，中医科学也是不能发展的。创新首先要继承，继承是为了创新。只有从思想上明确继承与创新的辩证关系，而且在实践中正确地处理好两者关系，才能使我国的中医药事业在继承的基础上，有一个新的飞跃，出现大发展的新局面。

建议二：普及与提高必须结合

中医事业的继承和发展，必须贯彻在普及的基础上提高、在提高的基础上普及的原则，既抓中医知识的普及工作，又重视中医学术水平的提高工作。

首先，在中医专业人才培养方面，要采取多种形式办学。实行全日制教育、函授教育、广播电视教育、业余教育、短训班和师带徒并举的方针。现有的高等和中等中医院校，在认真办好正规化的全日制中医专业班的同时，要充分挖掘潜力，调动各方面的积极性，广泛开办中医函授教育和业余教育。各地卫生行政部门，可以委托一些中医院校举办一二年制的中医短训班，吸收一批城镇待业青年或高中毕业生，加以专业培训。身怀绝技的名老中医，各地卫生部门要积极帮助他们带徒弟。中央电视台和有条件的省级电视台，要分级开办电视中医大学或电视中医学校。这样，广开门路，中医队伍的建设，不仅数量上能迅速壮大，而且质量上也必然会有一个大的跃进。

其次，在医疗和研究机构设置方面，要形成一个有中医特色的独立的比较完整的医学体系，逐步做到县有多科性的中医院，地、市有全面性的中心中医院，省里除了有水平较高的全面性的中医院外，还应有中医、中药的专门研究所；逐步做到常见病、多发病不出县治疗，疑难病、危重病不出省治疗。

其三，在图书资料出版供应方面，要在保证质量的同时，在数量上尽量满足读者和中医工作者的需要。既要抓好中医古籍的整理、出版工作，又要加强通俗读物的编辑出版工作。这样，方能逐步解决中医图书资料奇缺不全、供不应求的局面，更好地促进中医科学的发展。

建议三：新老中医必须做好交替

中华人民共和国成立初期，全国老中医甚多，其中不少是身怀绝技的名中医。现在，他们中的大多数人已相继去世，宝贵的临床经验也随之失传。健在的名老中医都年事已高，人数亦不多。这批老专家，都具有高深的中医理论、独到的学术思想和丰富的临床经验，是国家的宝贵财富。

为了开创中医教学、临床和科学研究的新局面，要充分利用和发挥现有为数不多的老专家的作用。首先，有条件的地方，可以采取短期聘请的办法，聘请校外、省地市外、有名望的有真才实学的老专家作短期讲学，也可以采取订合同的办法，定期互相交换老专家讲学，还可以采取聘请客座教授的办法，聘请当地或外地从事临床实践、有丰富经验的老专家到院校、医院和科研单位任教或作顾问，每年担任一定的教学或会诊任务。其次，对于有独特专长的名老中医，还要抓紧给他们配备得力助手，帮助他们系统整理丰富的临床经验，著书立说，使他们的学术思想能够世代相传，他们的临床经验能够后继有人，这是一项十分紧迫的任务。第三，要认真倾听老中医专家的意见，充分调动老中医的积极性，努力把中医教学、临床和科研工作搞好。

老中医虽然理论水平高，经验丰富，但是，毕竟年事已高，精力不足。因此，新老交替亦是中医面临的一个重大而又紧迫的课题。应当看到，在中医队伍中，立志振兴中医，决心献身中医事业，并具有真才实学的中青年骨干大有人在。应该坚决把一大批热爱中医、精通中医业务、善于管理、有事业心的中青年骨干，提拔到中医领域的各级领导岗位上来，以保证中医事业的发展。

建议四：科学研究与临床实践必须结合

中医学这门科学之所以可贵，就在于它始终贯彻了理论与实践相结合的原则。在长期的医疗实践中，广大中医工作者积累了丰富的临床经验，经过反复推敲加工整理，这些实践经验成了条理化、系统化的科学理论知识，再用来指导临床医疗实践，在实践过程中又进一步丰富、发展或部分修正了这些理论。从实践到理论，再从理论到实践，如此循环往复，使中医科学越来越系统，越来越深化。从事中医工作，不把理论与实践紧密结合起来，必将一事无成。若是只钻理论，脱离临床实践，这种理论是无根之木，无源之水，等于空中楼阁，没有基础，毫无实用意义，当然就谈不上什么科学性。而只注重实践，不系统地研究中医理论，不用中医的科学理论知识去指导临床实践，便是盲目的实践，也是发展不了中医科学的。在我国历史上，凡是有成就的中医名家，都既有高深的中医理论知识，又具有丰富的临床实践经验，而且他们都善于把理论和实践紧密地结合在一起。坚持理论与实践相结合的原则，从当前的情况来看，必须大力开展中医的科学研究，并且把它与临床实践紧密地结合起来，进一步丰富与发展中医科学的基础理论，努力提高中医的诊疗水平。

目前，国内外医务界普遍认为棘手的许多病症，如癌症、败血症、冠心病和糖尿病，以及中药剂型如何改革等重大课题，都应该鼓励与支持中医界人士广泛开展科学研究，大胆而细心地进行临床实验，系统地加以总结和整理，逐步加以推广和应用。

对中医的科学研究与临床实验，既要持谨慎的态度，不能草率从事，又不能过多地加以限制，卡得太死；既要有必胜的信念，又要做好失败的必要准备，要允许实验研究人员在失败中吸取教训，摸索规律，继续前进。把科学研究和临床实验紧密地结合起来，是丰富与发展中医学宝库的一个重要环节，也是大力发展中医事业的一个重要方面，切不可等闲视之。

建议五：发展中医与发展中药必须结合

中医学几千年来逐步形成的辨证论治医疗体系，包括理、法、方、药几个方面。临床用药要配伍处方，配伍处方要符合治疗法则的要求，而治疗法则的确立，则又有赖于辨证论治的理论指导。所以，理、法、方、药是一个完整的不可分割的统一体。要大力发展中医事业，其中就包含要大力发展中药事业。有药无医，或医疗水平不高，中医事业不可能发展，有医无药或药物不齐，质量不高，中医事业也同样不能发展。

我国中药的加工炮制，有着悠久的历史。随着生产力的发展和科学技术的提高，中药炮制的方法也在不断改进，积累了丰富的炮制与使用经验。历代相传的炮制工艺，一般分为水制、火制和水火合制三类。水制有洗、漂、泡、渍和水飞等法。火制有煅、炮、煨、炒、烘、焙、炙等法。其中炒又有醋炒、酒炒、砂炒和土炒的不同。炙也有酒炙、醋炙、盐炙、姜炙、蜜炙、米泔水炙、童便炙、矾炙和药汁炙等区分。水火合制也有蒸、煮、淬等数法。同一味中药，不同的炮制方法，具有不同的功能。例如大黄苦寒，性本泄降，善于下达。生用能泻实火，通大便。酒制后能减低其寒性，并能清上部之邪热，脾胃虚弱之病人服之有利，有增强行血活血的作用。炒炭后则有收敛作用，能止血止泻。生地有清热凉血之功，但酒蒸成为熟地，就具有甘温补肾、滋阴填精的作用。荆芥生用能发表祛风，除热止痛；炒炭则能治妇女崩漏、吐血、下血诸症。生麻黄能发汗、平喘、利水，炙麻黄能润肺、止咳、平喘。生首乌能润肠通便，解毒消痈，制首乌能补中益气，补肾乌发。石膏生用能清热泻火，熟用则敛疮止痒。生姜能发散风寒，和中止呕；干姜则温中健脾，回阳救逆；炮姜则能温经止血，祛脐腹寒邪。当归酒洗后能行血活血，炒炭后则用于止血。

当前中药的供应有三个问题比较突出。一是品种不齐，缺门众多，不仅名贵的药材供应不足，就是普通的药物也常常缺乏。例如桑叶、黄芩、金银花、蝉衣、冬青子、荷叶、丝瓜络、细辛一类极普通而又货源众多的药物也常常无货供应。二是炮制粗糙，质量不高。该炙的不炙，当炒的不炒，应煅的不煅，宜蒸的不蒸。三是采收失时，保管不当。中药材的采收有一定的季节和方法。根类药物（包括地下茎、块根、根皮）一般在初春或深秋时采收为宜，取其精华尚蕴蓄于根部，药力尚足，如瓜蒌根（天花粉）、生地等。茎叶部分或全草的药物，一般应在生长最盛时采收，如薄荷、苏叶等。花类药物常在含苞待放时采收，如金银花、辛夷花等。果实类药物，有些宜在成熟初期采摘，如豆蔻、枳实；有些宜在充分成熟时采摘，如瓜蒌、香橼。树脂类药物亦须按季节采收，如松脂应在6月采收，乳香应在二三月采收。总之，各类药物，都采收有时。但是，目前由于采收人员缺乏中药的基础知识，不按季节采收，采收失时，直接影响了中药的质量。此外，保管人员也不按照一定的规范办事，储存不当，或过期变质失效，或虫蛀发霉，这也严重影响了中药的质量。

因此，要进一步提高中医的诊疗水平，就必须大力发展中药事业。中药的品种和数量要力求齐全，货源充足，质量也要进一步改善和提高。只有这样，才能使中医事业顺利地、大踏步地向前发展。

建议六：中医事业必须独立发展

中医事业必须独立发展，大力发展。第一，从挖掘与整理祖国医学的丰富遗产来看，对中医这个伟大的宝库，有的东西已经被人们认识，但还有大量的东西没有被人们所认识和掌握。系统地挖掘和整理祖国丰富的医学遗产，必须建立一支既有数量又有质量的中医工作队伍。要建立这样一支庞大的队伍，中医事业必须独立发展，大力发展。第二，从当前中医队伍的实际情况来看，中医医师的数量实际减少了。要根本解决中医后继乏人、后继乏术的问题，中医事业必须独立发展，大力发展。第三，从当前国际学术交流来看，20 世纪 80 年代以来，国际药物界从比较重视合成药西药，转而重视天然药物，这是一种值得注意的新趋向。天然药物包括植物、动物和海洋药物三大类，中医中药就是以这三类药物为基本药物的。我国是一个“植物药王国”，中药材在国际市场很受欢迎。目前，国际上出现了“中医热”，有很多国家派留学生到我国学习中医，许多国家成立了中医中药的专门研究机构，不少国家要求我国派中医中药专家去讲学。从广泛开展国际医学学术交流来看，中医事业也必须独立发展，大力发展。从医学科学技术的现代化来看，中医事业也必须独立发展，大力发展。

总之，独立发展中医事业，是历史的需要，现实的需要，是繁荣医学科学的需要，是“四个现代化”建设的需要，是振兴中华的需要，是国际友好交往的需要，也是我国人民继续为世界医学事业作出贡献的需要。不独立发展中医科学，就根本谈不上中医科学的大发展，只有大力发展中医事业，才能保证中医事业的独立发展。

建议七：治病与治心必须结合

目前，国际医学界关于疾病过程的考察，特别是对病因学问题的研究表明，疾病的产生往往有三方面的因素，即生理、社会和心理原因，应该把三者结合起来分析人体疾病的发生、发展和转归。国外有一个医院对求诊病人的发病原因研究结果表明，因情志所伤而致病的占求诊病人的76％。其实，人的生理状态与心理活动密切相关的理论、心身统一的观点，早在《黄帝内经》一书中就系统地提出来了。中医科学一贯主张，治病应该与治心相结合。

第一，在病因学方面。中医理论一贯认为，喜、怒、忧、思、悲、恐、惊七种情绪或心情，持续时间过长，或过于强烈，都能成为致病的重要原因之一。如《素问·举痛论》指出："百病生于气也。怒则气上，喜则气缓，悲则气消，恐则气下，惊则气乱，思则气结。"《素问·阴阳应象大论》又说："怒伤肝，喜伤心，思伤脾，忧伤肺，恐伤肾。”七情所伤能够致病，把心理因素作为致病的重要原因之一，是我国中医科学理论一个独特的组成部分。

第二，在诊断学方面。中医学历来十分重视心理因素的作用。以“四诊”为例，在望诊时，常常强调神色是气血的外荣，形健则神旺，形衰则神惫。目能传神，高兴愉快则活泼有神，忧郁悲伤则黯然失神。愤怒则目如火爆，惊恐则目呆直视。神旺则色泽，神衰则色枯。中医学“形神相印”的理论，就是讲的生理与心理活动的辩证统一关系。

第三，在临床治疗方面。中医科学不仅十分注意开导式、暗示法等心理治疗的意义，更重要的是总结了以情胜情的一整套系统的理论。如《素问·阴阳应象大论》提出：“怒伤肝，悲胜怒”；“喜伤心，恐胜喜”；“思伤脾，怒胜思”；“忧伤肺，喜胜忧”；“恐伤肾，思胜恐”。元代著名中医学家朱丹溪又进一步丰富与发展了这种理论，系统地提出了“怒伤于肝者，以忧胜之，以恐解之；喜伤于心者，以恐胜之，以怒解之；忧伤于肺者，以喜胜之，以思解之；思伤于脾者，以怒胜之，以喜解之；恐伤于肾者，以思胜之，以忧解之；惊伤于胆者，以忧胜之，以恐解之”。七情可以治病，这种以情胜情的理论，也是中医科学的一个重大创举。

第四，在预防方面。中医科学历来强调精神摄生，修心养生。《素问·上古天真论》上讲的“精神内守，病安从来”，意思就是说，心理健康，情志舒畅，可以御病。一个人经常保持心身的健康，就可以延年益寿。

因此，要大力发展中医事业，就必须把治病与治心、治疗生理疾病与治疗心理疾病结合起来，充分重视心理因素在疾病的发生、发展和转归方面的作用，这样才能更好地保持中医的特色。

建议八：治疗慢性病与治疗急、重、危症必须结合

中医中药能不能治疗急、重、危症，这个问题不仅社会上认识不清，就是在卫生界和中医队伍内部认识也颇不一致。其实，中医中药治疗急、重、危症，同样有着悠久的历史和丰富的临床经验。在我国历史上，许多中医名家之所以远得民心，近得众望，关键就是他们在临床实践中，治愈了不少急、重、危症的病人。以当代名医蒲辅周为例，他的代表作品《蒲辅周医案和医疗经验》一书中，收载医案 226 例，其中急性热性病就有 64 例，占 28.3％。

中医治疗急重危症，在长期的临床实践中形成了自己的专长、特点和风格。大力发展中医事业，一定要继承和发扬这些特点与专长，把治疗慢性病与治疗急、重、危症结合起来。只有这样，才能保持中医的特色，独立地发展中医事业，更好地为保障人民的健康服务。

董建华的八大建议一经提出，就受到中医同行的赞同。八大建议高屋建瓴，不仅为当时中医事业的继承和发展理清了思路，也对中医事业的持续发展起到了重要作用。

杏林伯乐　教书育人

董建华的一生，也是为中医事业培养人才的一生。

早在董建华回青浦县独立开诊所时，他就招收了一名徒弟，名叫陈一中。在董建华的指导下，陈一中的医术进步很快。董建华进南京、上北京后，陈一中自己开诊所，由于医术高明，诊所的业务异常繁忙。

董建华调到北京中医学院后，更加努力地为中医事业培养优秀人才。他非常重视编写适合现代大学教育体制的中医教材。传统的中医教育，完全依赖学生对中医典籍的背诵和理解。这种教育方法有长处，但也存在缺陷。比如，不同人不同的理解，容易造成截然不同的辨证论治。董建华认为，中医的发展需要质量高、有权威的教材，从而有助于统一对中医规律的正确理解。1958 年夏天，他去庐山编写《温病学讲义》，夜以继日，茶饭无心，编完教材回到北京，人们见他整整瘦了一圈儿。此后，他又参与了北京中医学院大量教材的编写工作。

董建华认为，有了好的中医教材，只是解决了中医发展一个方面的问题。中医与西医有一个明显的不同：中医需要用望闻问切去获取信息，而西医则依靠众多的检测化验数据。中医的望闻问切，是一门需要不断练习才能掌握的技术，完全不同于阅读检测报告那样机械。这门技术只能从临床实践中获得。所以，董建华手把手地教学生望闻问切。比如，西晋王叔和所著的《脉经》中说，病脉有浮、芤、洪、滑、数、促、弦、紧、沉、伏、革、实、微、涩、细、软、弱、虚、散、缓、迟、结、代、动 24 种。这 24 种脉象的定义好记，但是要通过把脉正确判定是哪一种脉象很难。例如，浮脉的定义是：脉动浮在皮肤，轻按即得，重按反弱。什么样的脉动才算得上是浮在皮肤上呢？搭脉的力多小算是轻按呢？搭脉的力多大才算是重按呢？董建华把自己的临床经验完完全全地教给了学生。

董建华经常对学生讲："多临床，早临床。"增加临床经验最好的办法就是实践。然而，北京中医学院建院之初尚未建立实习基地，他就带领学生去京西矿区实习。京西矿区的生活条件很艰苦，但是他还是与学生们一起克服困难，为矿工们治疗疾病，得到矿工的称赞和信赖，也达到了实习的目的。后来，董建华和学生已经回到市区，在大年三十突然接到一位矿工的电话，为他 4 岁的儿子突发高烧求诊。听到焦急的恳求声，董建华决定立刻赶去给小孩儿治病。学生们担心他的身体会吃不消，都愿意替他去矿区。董建华说:“我是你们的老师，还是我去!”坚持亲自前往。

1983年，董建华被聘为博士研究生导师，担负起培养中医高级人才的任务。他一生为国家培养中医学硕士研究生和博士研究生30多人。他的学生中有的已经成为国际知名学者，有的成为中医学院的领导。他们医术高明，著作颇丰，研究硕果累累。董建华何以培养出如此众多的高级人才?他培养人才只有一个理念:把学生的前途看得比自己的前途更重要，为此他毫无保留，倾尽全力。

有一年，一位江西籍的考生想报考董建华的博士研究生。这位考生因家境贫寒而心存自卑，一直把梦想埋在心里。当他听说董建华在江西讲学，便鼓起勇气想当面向自己仰慕的老师表达求学的愿望。然而当他想闯进董建华居住的招待所时，却被门卫挡在了门外。这位考生异常焦急。突然，他想到招待所的后院墙较低，于是，跑到招待所后面，翻墙而入，然后又通过半开的厕所窗户跳入招待所大楼的走廊。他轻轻地叩开了董建华的房门。开门的是董建华夫人，董建华讲学尚未回来。他并没有失望，而是心诚意切地向董夫人表达了自己的意愿。

董夫人和蔼地说，先生喜欢有才的学生，只要符合条件。并让他留下一份自我介绍，答应替他转交。

董建华回到招待所，听了夫人的介绍，看了那位考生的自我介绍，沉默良久，自言自语道："让他试一试吧！"最终，这位考生以优异的成绩考取了董建华的博士研究生，实现了自己的梦想。

如果说董建华帮助才华出众而有志从事中医职业的青年实现理想是很自然的事，那么他把自家的小保姆培养为中医师则是一段有趣的佳话了。

钱洋霞是董建华家的小保姆，来自安徽农村。她干活勤快，董建华夫妇十分喜欢她。她为董建华打扫书房时，常常翻看书房里的医学书籍。有一次她正在看书，被董建华看见了，便问："你喜欢中医？"她坦然回答："我很喜欢。"董建华继续问："你看得懂吗？"她又答："我看不懂。"

董建华想了想说："我建议你去学一个函授，我负担你的费用。"就这样，董建华送钱洋霞去中医函授班学习。为了保证她的学习时间，董建华给家里人立了一个规定：上午 9～11 点之间，下午 2～4 点之间不能打扰她学习。

小保姆钱洋霞 3 年中医函授毕业了，董建华又让她跟着自己的博士研究生一起临床实习三年，董建华的博士研究生都称她钱师妹。

后来，董建华在河南商丘中医医院帮助钱洋霞谋得一份工作。临别前，董建华郑重地对钱洋霞说："去那里要好好工作，只有工作好，别人才尊重你。根据你的资质，我不建议你去搞温病，你可以去搞脾胃病。”

钱洋霞在商丘中医医院工作很出色，成为治疗脾胃病的中医大夫。

传承古人　综合创新

治疗温病在中国有久远的历史。两千多年前《黄帝内经》中已有“温病乃作”、“冬伤于寒，春必温病”的记载。温病学在清代有了很大的发展。由于清代叶天士、薛生白、吴鞠通、王孟英等温病大师的不懈努力，温病学形成了一个相对完整的学科体系。

董建华的温病学术思想，是在继承传统六经辨证、卫气营血辨证、三焦辨证的基础上而发展的。

六经辨证出自汉代张仲景的《伤寒论》一书。六经包括太阳、阳明、少阳、太阴、少阴、厥阴。一般地讲，三阳证是指人体反应性增强或亢盛而出现的证候，三阴证是指人体反应性减弱而出现的证候。在六经辨证中，邪气传变由表入里，由阳入阴，而正气渐衰（典型传变次序为太阳、阳明、少阳、太阴、少阴、厥阴）。

卫气营血辨证体系是由清代温病学家叶天士创立的。卫气营血辨证将温病的病变过程及病势轻重浅深划分为卫、气、营、血四个阶段，用以说明病变的部位，各个阶段的病机和疾病传变的规律，以此为临床治疗提供依据。

三焦辨证是由清代温病学家吴鞠通创立的。他根据脏腑所在进行分类，划分为上焦、中焦、下焦。他认为，温病从口鼻而入，从上而下逐渐深入，病在上焦邪尚轻浅，病邪一般在肺。中焦是脾胃所居，其病势较上焦要重。下焦是肝肾所在，病情更甚于中焦。

董建华认为，许多人辨证时喜欢把六经、卫气营血、三焦三者对立起来，是不合适的。实际上，这三种辨证之间有着很多共性之处。

其一，这三种辨证所提示的病情大体上是相吻合的。伤寒化热，阳明燥热亢盛于内或外蒸肌肤而见壮热、汗大出、大烦大渴、脉洪大等症，同卫分温热不解、热邪传入气分证以及中焦气分证是一致的。

其二，这三种辨证，都能说明病邪的深浅。如邪在太阳、卫分、上焦，病变在表，受邪较轻；如邪在厥阴、血分、下焦，病位在里，受邪较重。

其三，这三种辨证都叙述了类似的病变的传变过程，即从上至下，由浅入深，由表及里。

其四，这三种辨证在辨别病位方面也有类似。比如，“凡病温者，始于上焦，在手太阴”，同“温邪上受，首先犯肺”的说法也是一致的。

董建华在继承前贤理论时不拘一派，他综合了前贤三种热病辨证体系，又结合个人的医疗实践经验提出了自己独到的治疗热病体系。

董建华非常重视辨热象。发热是各种温病

的共同症状，各种温病均有比较典型的热象，如大多数呈急性，并常伴有阳热亢盛，这与内伤发热有显著的不同。他把热象分为六类：其一，热势一开始就很高，常高达39℃以上，久不下降，而且每日波动不到1℃，此类称为一脚热。其二，体温时高时低，时起时伏，伏时不降到正常，起时可达39℃以上，此类称为起伏热。其三，发热有一定的规律，譬如，日发一次，或两日一次，此类称为定时热。其四，寒时不热，热时不寒，交替出现，界限分明，无有定时，此类称为往来热。其五，热似火烧，体若燔炭，手足如烙，热势很高，此类称为灼热。其六，热势略高于正常体温，常在37.5℃～38℃之间波动，此类称为低热。

一般而言，一脚热以春温、暑温、温毒、风温等为多见；起伏热是气分热盛波及营血而成；定时热在临床上以疟疾为多见；往来热多见于各种温病之邪入少阳膜原或病在半表半里时；灼热多见于伏气温病，或温热毒邪内陷心营之时；低热常在温病后期，余邪未清，阴津内伤，或肝肾阴虚，虚多邪少时见之为多。

董建华非常重视辨别病人出汗的情况。他把汗出异常分为六类：其一，无汗，一种情况是寒邪束表，肺卫被遏，腠理闭塞，另一种情况是邪热入营，阴津耗伤过多，以致不能作汗。其二，微汗，周身有汗，为邪郁肺卫，其病在表，邪有外越之势。其三，大汗，汗出淋漓，多为暑热内蒸，迫津外泄而致。其四，臭汗，汗气酸臭，多为湿热之邪，恋于气分，缠绵不解，蒸郁肌表，虽有汗出，但邪不去，湿热有外透之势而未得宣畅。其五，黏汗，汗多黏而似油，多见于温热病后期，正气大伤，阳不敛阴，阴阳两脱，精气将尽，多系危重之症。其六，战汗，就是发热时，身先战栗，而后出汗，多为温邪入气分，正气与之抗争。

董建华非常重视创新辨证方法。从中国医

学史来看，每当一种新的辨证论治方法出现时，临床疗效就有一次突破性的提高。比如，从六经辨证到卫气营血辨证，明显地提高了治疗温病的疗效。他告诫说，不重视辨证方法，会有很多其他的不良后果。比如，有些大夫一遇到发热或有感染迹象的患者，并不做具体辨证，立刻把金银花、连翘、蒲公英、板蓝根全部用上，结果往往适得其反。由于过于苦寒，损伤胃气，降低了人体抵抗力，反而使病情缠绵。相反，叶天士、薛生白、吴鞠通、王孟英等温病学家的成功医案表明，高明的治疗不在于用药量大，而在于辨证用药之巧妙。

董建华将伤寒派与温病派熔于一炉，合为一体，吸收六经辨证和三焦辨证各自的长处，而后他以八纲辨证为基础，选用卫气营血辨证的分析方法，把热性病分为表证、表里证、里证三期，并继续细分出 21 个证候。后来中医界将其称为“辨治温热病三期二十一候”理论。

表证期是指病邪尚浅，居于卫分，病在皮毛，以肺卫证为主。病人见恶寒，发热，鼻塞，咳嗽。治疗以解表宣肺为总则。但也要根据所感病邪之不同，及脉象、舌苔、症状的差异灵活处理。其差异性可分为4种。

其一，表寒证。以恶寒无汗为主症。此证脉多浮紧，舌淡红，苔薄白，应给予辛温解表，常用荆防解表汤。

其二，表热证。咳嗽突出，兼有轻微发热，微恶寒或短暂恶寒，咽干，脉浮稍数。咳嗽重发热轻者，可以桑菊饮为主。如果热势高，咳嗽不重，咽干疼，渴能饮，舌边尖赤，苔微黄，脉数者，治宜辛凉解表，方用银翘散加减。

其三，表湿证。除恶寒发热外，并见头重身困，胸脘饱闷，脉濡，苔腻等湿象，治宜透表逐湿，方用羌活胜湿汤或藿香正气散加减主之。

其四，秋燥证。可分为温燥和凉燥两种。

温燥病人感到口、唇、鼻、咽干燥，咳嗽无痰或少痰，脉细数涩，舌少津等一派燥象，治宜辛凉清润，方以桑杏汤加减主之。凉燥病人没有很重的温燥症状，但伴有恶寒，治宜辛散为主，方以杏苏散加减主之。

表里证期是指邪在膜原（指胸腹与膈肌之间的部位）。病邪在此阶段既不能汗也不能下，须用和解法通达表里以祛邪外出。表里证期可分为三种证候。

其一，半表半里证。寒热往来，口苦，胸闷，干呕，头眩，胁痛，不思饮食，舌苔白如积粉，厚腻或黄腻，脉弦数。治宜和解表里，方用小柴胡汤或蒿芩清胆汤加减。

其二，表寒里热证。恶寒发热，咳喘痰稠，口渴，舌红，苔黄，脉滑数。治宜清热宣肺，方用麻杏石甘汤加减。

其三，膈热便秘证。身热，渴喜冷饮，便秘，目赤，咽痛，头眩，口疮唇裂，尿赤，舌质红，舌苔多黄或腻，脉数。治宜透热清里，方用凉膈散加减。

里证期是指正不胜邪，病邪已经入里。气热入营，则见气营两燔；热在营分、血分，出现心、肾、肝症状。里证期又可分为14种证候。

其一，气分热结。症见壮热，大汗出，口大渴，脉洪大，舌红，苔黄燥无津。治宜清气生津，方用白虎汤加石斛、芦根、花粉之类。

其二，气热腑结。症见壮热，大汗出，口渴，唇干，便秘，腹痛，有时谵语，苔灰黑而干，舌红，脉沉细无力。治宜增液通腑，方用增液承气汤。若脉细而有力，说明津液未伤，方用承气汤。

其三，温热壅肺。症见身热恶寒，汗出口渴，咳喘气急，胸胁满闷，咳痰黏稠，舌质红，苔黄，脉滑数。治宜清肺化痰，方用清肺饮。

其四，湿热困脾。湿重于热者，热象不高，

口黏干呕，胸闷身倦，小便不利，舌红，苔白腻，脉濡细。治宜芳香宣气，可予三仁汤或藿朴夏苓汤加减。热重于湿者，热势较高，口渴，胸闷，溲赤，脉濡数，苔黄腻。治宜清热燥湿，方用连朴饮加减。湿热并重者，热势不高，口渴不多饮，汗出，小便短黄，大便溏而不爽，苔黄腻，脉濡数。治宜清热利湿，方用黄芩滑石汤加减。

其五，肝胆湿热。症见发热口苦，午后热甚，心烦，脘痞腹胀，胁痛如绞，呕吐便秘，舌苔黄腻，脉滑数。治宜疏肝利胆、分消湿热，方用大柴胡汤合茵陈蒿汤加味。

其六，膀胱湿热。症见身热口渴，尿频急而痛，淋沥不畅，苔黄腻而干，脉滑数。治宜泄热利尿，方用八正散加减。

其七，湿热痢疾。症见身热口渴，下痢腹痛，里急后重，便下脓血，肛门灼热，苔黄腻，脉滑数。治宜清热解毒、燥湿止痢，方用芍药汤加减。

其八，气营两燔。症见壮热，口渴，汗出，心烦不眠，舌绛，苔黄干，脉洪数。治宜清气凉营，方用清气凉营汤。

其九，邪热入营。气热入营，可见灼热，心烦，不眠，时有谵语，舌红绛而干，脉沉细而数。治宜清营透热，方用清营汤。

其十，邪热入心。症见神昏谵语，身热灼手，烦躁不安，舌强短缩，舌质红绛，苔黄燥，脉细滑而数。治宜清心开窍，方用清宫汤。

其十一，热极生风。症见壮热神昏，躁扰昏狂，手足抽搐，颈项强直，角弓反张，牙关紧闭，直视，甚则厥逆，舌绛，苔黄少津，脉弦急而数。治宜凉肝息风，方用羚角钩藤汤。

其十二，阴虚动风。症见神昏嗜睡，手足蠕动，口渴齿燥，目陷睛迷，循衣摸床，舌绛少苔，脉细数无力。治宜滋阴养血、潜阳息风，方用大定风珠。

其十三，血热发斑。症见壮热口渴，心烦躁扰，皮肤发斑，斑色紫暗，呼吸气粗，吐血，舌红绛，苔黄燥，脉数。治宜凉血解毒化斑，方用化斑汤。

其十四，阴竭阳脱。症见口干咽燥，目陷，神昏，手足蠕动，四肢厥逆，冷汗出，呼吸急促，舌光红少津，脉微细欲绝。治宜益气滋阴、回阳固脱，方用生脉散加味合加味参附汤。

在董建华“辨治温热病三期二十一候”的理论指导下，东直门医院热病课题组针对北京地区历次流行性感冒防治临床经验认为，北方地区的流感“表寒里热”居多，治疗必须内外兼顾，表里同治。据此制定了“解表清里”的治疗法则，拟用散寒清热法。

为了验证和评价“散寒清热法”治疗“表寒里热”流感的临床有效性和安全性，该热病课题组在 2005 年 1 月至 3 月之间，以及 2005 年 11 月至 2006 年 4 月间，对 61 例流感病例进行了“随机、双盲、平行、对照”研究。研究结果表明，“散寒清热法”的治愈率高达91.6%，明显高于西药利巴韦林组20%的治愈率。这项研究有力地支持了董建华的“辨治温热病三期二十一候”的理论。

董建华临床诊治温热病人，坚持取众家之长，不囿于一派之论。他有时宗张仲景白虎汤加味治疗春温和暑热，取其清泄鸱张之热；有时仿叶天士辛凉透热治疗风温或冬温，使其热邪宣达；有时效雷少逸芳香化浊法，或吴鞠通薏苡竹叶散意治疗暑温夹湿或湿温，促其热清湿解。例如，1977年8月间，董建华为一位48岁的男性病人治疗暑温的典型病案，就显示出他治疗温病的高明之处。这位病人忍受不规则寒热已有两周，巩膜和皮肤黄染已有1周，全身不适，四肢乏力，眩晕，胸闷，烦躁，食欲差，黄疸指数30单位，谷丙转氨酶50单位（40单位为正常值），血沉32mm/h，血常规除白细胞 11200/mm³ 外，其余都正常，体温39.5℃。西医曾按肝炎合并感染治疗，用过多种保肝药及多种抗生素，但仍寒热不退，身倦、黄疸加重，心动过缓，55 次/分钟，心律不齐。西医请董建华会诊。董建华注意到病人汗出热不退，汗有臭气，面目及身体发黄，胸腹皮肤有白痦，小便深黄如茶，大便稍结，舌质红，苔中黄腻，脉象濡细而缓。董建华认为，此病乃暑热夹湿，湿热熏蒸，胆汁外溢。他开出的处方是：豆卷、滑石、茵陈、茯苓各 12g，栀子、藿香、佩兰、黄芩、郁金、青蒿各 9g，通草 4.5g，黄连 1.5g，水煎服，每日 1 剂。服药3 剂后，病人体温降至 37.3℃，头痛及四肢酸痛减轻，食欲略增，尿转淡黄，大便通畅，巩膜和皮肤黄染略减轻，但白痦继续发展，舌苔灰黄，脉象濡细缓。董建华二诊则以清热利湿为治，其处方是：黄芩、竹叶、枳实各 10g，滑石、茵陈、茯苓、瓜蒌、豆卷各 12g，薏苡仁 15g，厚朴 6g，通草 4.5g，水煎服，每日 1 剂。

服药 3 剂后，热除，黄疸退，精神转佳，血、尿常规检查正常，血沉 5mm/h，肝右肋弓下可触及 1 指，剑下可触及 2 指，脾左肋弓下可触及边缘，质软，无明显压痛，白瘖仍布，四肢疲软，脉舌同前。董建华三诊以前方去枳实、瓜蒌、豆卷、通草，加苍术 4.5g，萆薢、桑枝各 12g 以祛湿利关节，芦根 30g 清热保津。连服 3 剂，自觉症状好转，身黄褪，白瘖渐收，舌苔转为薄腻，肝功恢复正常。再服 6 剂，一切正常，病愈出院。两年后回访，一切良好。

东垣补中　董氏通降

董建华擅长治脾胃病。脾胃病人的胃脘部经常发生疼痛，并伴有嗳气（打嗝）、烧心、吞酸、呕吐等症，病人非常痛苦。古人治脾胃病，常以升阳益气为主，比如，金元时代的李东垣。

李东垣提出“内伤脾胃，百病由生”的观点。他认为，脾胃为元气之本，是人体生命活动的动力来源。他还认为，脾胃为人体气机升降的枢纽。精气的输布依赖于脾气之升，湿浊的排出依赖于胃气之降。因此，如果脾胃的升降失常，将会出现多种病症，“或下泄而久不能生，是有秋冬而没春夏，乃生长之用陷于殒杀之气，而百病皆起，或久升而不降，亦病焉”。在升与降的对立中，李东垣较强调生长与升发的一面。他认为，只要元气充足，则百病不生，而元气虚损，多因脾胃之气不升而致。

董建华在长期治疗脾胃病实践中发现，脾胃病治疗不能拘泥于李东垣的观点。因为现代中国人的脾胃病现状与李东垣的时代已有很大的不同。

李东垣生活在金元年代，那时战争连年，天灾不断，老百姓的食物匮乏，身体处于营养不足的状况。李东垣以“补”治脾胃病是正确的。现在中国人的脾胃病常因饮食过度而生，因此治疗不能再用“补”，而要用“降”、“通”法。

胃的生理特点集中在一个“降”字。胃为水谷之腑，“六腑传化物而不藏”，以通为用，以降为顺。降则和，不降则滞。通降是胃的生理特点的集中体现。《伤寒论》指出：“津液得下，胃气因和。”叶天士认为：“脾宜升则健，胃宜降则和。”胃和的关键在于胃气润降。降则生化有源，出入有序；不降则传化无由，壅滞成病。如《灵枢·胀论》上讲的“胃胀者，腹满，胃脘痛，鼻闻焦臭，妨于食，大便难”，就是胃失通降之故。所以《灵枢·平人绝谷》指出：“胃满则肠虚，肠满则胃虚，更虚更满，故气得上下，五脏安定，血脉和利，精神乃居。”由此可见，“降”是胃的生理功能特点，只有深刻地认识到这种特点，才能进一步了解它的病理病机所在，才能通过治疗来调整它的生理功能，使生理异常转化为正常而恢复健康。

胃的病理特点突出在一个“滞”字。胃为传化之腑，只有保持舒畅通降之性，才能完成纳食传导之功。肠胃为海，无物不受，易被邪气侵犯而盘踞其中。邪气犯胃，胃失和降，脾亦从而不运。

一旦气机壅滞，则水反为湿，谷反为滞，就会形成气滞、血瘀、湿阻、食积、痰结、火郁等引起种种胃痛，此乃邪正交击，气道闭塞，郁于中焦所致实滞；若脾胃虚弱，传化失司，升降失调，清浊相干，郁滞自从中生，则属虚而夹滞。《素问·调经论》指出：“有所劳倦，形气衰少，谷气不盛，上焦不行，下脘不通。胃气热，热气熏胸中，故内热……厥气上逆，寒气积于胸中而不泻，不泻则温气去，寒独留，则血凝泣，凝则不通，其脉盛大以涩，故中寒。”就是在论述寒热虚实而夹滞的病机。当升者不升，当降者不降，郁滞于中，因而成病。所以胃脘痛不论寒热虚实，内有郁滞是共同特征。寒则凝而不通，热则壅而失降，伤阳者滞而不运，伤阴者涩而不行。只有深刻地认识到这种特点，才能正确地进行辨证施治。

胃病的治疗要着眼于一个“通”字。胃主纳，就是纳入食物。食物是人体维持生命活动的基础。但是，纳入后，又必须吸取精微，输出糟粕。出与入，既是相互对立、相互排斥的，又是相互依存的。所以《素问·六微旨大论》

强调指出：“出入废，则神机化灭，升降息，则气立孤危。故非出入，则无以生长壮老已；非升降，则无以生长化收藏。是以升降出入，无器不有。”胃主纳，喜通利而恶壅滞，一旦得病，机枢不运，只入不出或少出，就无法再纳。因而临床治疗着重疏通气机，使上下畅通无阻，当升则升，当降则降，应入则入，该出则出，则寒热自除，阴阳调和。所以，胃痛虽有寒热虚实之别，治疗亦有温清补泻之分，但总的都以开其郁滞、调其升降为目的，都要着眼于一个“通”字。

所谓通，就是调畅气血，疏其壅塞，消其郁滞，并承胃腑下降之性推陈出新，导引食浊瘀滞下降，给邪以出路。胃腑实者，宜消积导滞，专祛其邪，不可误补；胃气虚者，气机不运，虚中有滞，宜补虚行滞，而不可壅补。

以“降”、“通”为原则，董建华又详细制定出十条具体治则。

其一，理气通降。本法适用于胃脘作胀，时轻时重者。若情志不遂，肝郁气滞，导致胃失和降，或因饮食不节，饥饱失常而使胃气壅滞，其中夹食、夹湿、夹痰虽间或有之，但以气滞为主者，治宜理气通降。

其二，化瘀通络。本法适用于瘀血胃痛。症见胃痛日久，久则入络，以痛为主，痛点固定。胃为多气多血之腑，外邪内积郁于其中，气血必受其阻。治宜化瘀通络止痛。

其三，通腑泄热。本法适用于胃中积热，大便干结，舌红苔黄者。胃为阳土，不论外邪或内积，一有所阻，则气机郁闭，热自内生，此为有余之火。燥热相结，传导失司，则大便干结。治宜通腑泄热。

其四，降胃导滞。本法适用于胃失通降，胆汁上犯，湿热蕴结，食积阻滞。症见胃脘堵闷，口苦，舌红，苔黄腻。治宜降胃导滞。

其五，滋阴通降。本法适用于胃阴不足，

症见隐隐灼痛，口干，纳少便干，舌红少苔。胃为燥土，邪客多热，易化燥伤阴。胃痛日久不愈，气郁化火，亦灼伤胃阴。胃阴一亏，胃失濡润，则失其和降。只有津液来复，胃气才能下行。治疗应甘凉濡润，佐以行气化滞。

其六，辛甘通阳。本法适用于脾胃阳虚。症见胃痛喜暖喜按，饥时痛甚，得食痛缓，舌暗苔薄，脉细弦或沉弦。胃病日久不愈，由实转虚，由胃及脾。中土虚寒，肝木来侮。由于气馁不能充运，营虚不能滋荣，此时非甘温不能扶其衰，非和营不能缓其急。宜以辛甘通阳、培土泄木为重点。

其七，升清降浊。本法适用于中气下陷。症见体瘦纳少，食则不运，腹胀如坠，病久不愈。脾升胃降，合为后天之本。由于积劳积损，脾胃受损，清阳不升而下陷，浊阴不降而停滞，以致提摄无力，内脏下垂，脾胃运化无权，胃中水谷停滞不化，胃失和降，气机壅滞，此乃虚中夹滞。若一味补益升提，则胃气愈加壅滞；如单用疏理，则胃气愈加虚陷，胃亦随疏随滞。故应脾胃同治，升降并调，其治疗关键在于掌握分寸。若腹胀便稀，以升清为主；若腹胀便干，以降浊为主。

其八，辛开苦降。本法适用于寒热错杂。症见胃痛喜暖喜按，得温痛减，舌红苔黄。寒邪犯胃，胃阳被遏，气闭热自内生；但寒邪未尽，复又传脾，从阴寒化，成为上热下寒之证。纯用清热，则胃热未除而中寒更甚；一味温补则寒邪未散而胃火更炽。治宜寒热共用以和其阴阳，苦辛并进以调其升降。

其九，平肝降逆。本法适用于肝胃不和，痰浊内阻，胃气上逆。症见嗳气频作或恶心呕吐，大便干结，苔腻。胃气上逆，有寒热之分、虚实之异，但总以本虚标实为多见。若胃失和降，痰浊内阻，肝气冲逆，胃气壅滞，则上见嗳气、呕恶；浊阴盘踞则中见痛痞；腑气不行则下见便结。此乃虚实夹杂、本虚标实之证。胃虚宜补，痰浊宜涤，气逆宜降，补泻并用，虚实兼顾。

其十，散寒通降。本法适用于寒邪犯胃。症见胃痛暴作，痛势较剧，喜暖喜按，苔薄白。身受外寒或饮食生冷，则寒居于中，胃中阳气被遏而不宣通，血因寒凝而不畅行，正邪交争，故胃痛暴作。素有胃病，复感寒邪，最多此症。此乃实证，治宜温散宣通。

董建华利用这十大脾胃治则，治愈了大量脾胃病人，此处只举三例说明。

例一　贾某，男，40 岁。间断胃痛 10 年。近半年来饥饿时胃脘痞闷疼痛，得食则缓，胃中灼热，食少吐酸，腹胀，大便不爽，喜暖恶寒，舌暗红，苔薄白，脉弦滑无力。

证属肝郁化火，气滞血瘀，久病入络。治宜理气化瘀通络。方用金延香附汤化裁：金铃子 10g，香附 10g，延胡索 5g，枳实 10g，大腹皮10g，黄连3g，吴茱萸1.5g，香橼皮10g，煅瓦楞子10g，白芍10g，柴胡10g，良姜10g。

上方加减服用20余剂，胃痛消失，大便通畅，临床治愈。

例二　于某，男，36岁。胃脘痛8年，两月前受凉后复发，痛势较剧，呈持续性。钡餐造影：十二指肠球部溃疡。曾服用西医解痉药，痛势不减，饥饿时痛甚，得食也不缓。剑突下压痛，无反酸，大便干结，时有黑便。舌暗红，苔黄腻。隐血试验阳性。

证属久痛入络，寒热错杂。治宜化瘀通络，寒热并调。方用猬皮香虫汤化裁：炙刺猬皮5g，炒九香虫5g，炒五灵脂10g，金铃子10g，延胡索5g，砂仁3g，丹参15g，赤芍10g，生蒲黄10g，半夏10g，茯苓10g。

上方服用6剂后痛势减缓，仍大便不畅。原方去刺猬皮、九香虫，加黄连3g，瓜蒌15g。再进6剂。守方进退调治1月余，症状消失。

例三　张某，男，51 岁。胃脘疼痛 3 年，每至秋冬加重，曾因上消化道出血而 3 次住院治疗。入冬以来，胃痛加剧。胃镜诊断：慢性浅表性胃炎、十二指肠球部溃疡。隐血试验阳性。症见胃痛剧烈，牵掣肩背，饥饿时痛甚，得食则缓，胃脘嘈杂，嗳气泛酸，形寒肢冷，大便溏，舌暗，苔薄黄，脉沉细。

证属胃病及脾，中宫虚寒，营络枯涩，肝木来侮。治宜辛甘通阳、培土泻木。方用黄芪建中汤：黄芪 15g，桂枝 10g，白芍 10g，炙甘草 5g，饴糖 30g，生姜 5g，大枣 7 个，三七粉 3g（冲），炒五灵脂 10g，蒲黄 10g，酒当归 10g。

服用 6 剂后，痛势缓解，仍有胀感，去当归，加丹参 15g，降香 3g。以此方加减调治 4 月余，胃痛未发，隐血试验阴性。

运用这 10 个脾胃证候治则，董建华临床中治疗了大量胃痞病人。胃痞是指腹部接近心窝处痞满、堵闷，食后加重，或兼见胀痛等症状为主的病证。其证有虚实之分。虚痞者，多起病缓，病程长，常反复发作，时轻时重，每由实痞转化而成。通过长期临床观察，董建华发现，虚痞的临床表现与慢性萎缩性胃炎相似，遂引起重视。他利用甘平养胃、酸甘益胃、甘温健胃的经验方，先用汤剂治疗 50 例，总结规律后又制成冲剂治疗 104 例，结果临床症状改善率为 98.78％，主病治愈率为 65.5％，癌前病变改善率为 95.76％，消失率为 52.12％。这项研究处于国内外领先水平。这一研究成果是值得自豪的。

勇于创新　敢用新法

董建华很重视中医科学研究的创新。他一生创新成果很多，有两项工作最能体现他的不怕失败、勇于创新的精神。其一，他曾努力推动中医临床研究采用观察对比法。其二，他利用计算机数据库技术建立了中医专家系统。

观察对比法是科学研究的基本方法之一。中医所说的观察，就是运用“四诊”收集症、因、脉、舌诸方面的信息，加以分析、综合、概括，然后对疾病的发生发展获得本质认识。所谓对比，是指控制两组以上事件的可变因素，只保留一个可变因素来分析结果与原因的关系。研究因果关系，对变化因素进行量化。只有对所观察的事物量化后，研究才能最大限度地避免人的主观感受，从而获得较为客观的结论。症状体征评分法，就是董建华为中医科学研究提出的新方法。

急性热病的症状多、变化快，董建华设计出一种评分办法来量化主症及舌、脉的情况。评分标准以具体症状的体征而定。如发热：自觉发热记 1 分，体温 37.5℃～38℃记 3 分，38.1℃～39℃记 4 分，39℃以上记 5 分；腹痛：微痛记 1 分，可忍记 2 分，不可忍记 3 分等等。然后，合计症状的体征分数，作为病情总分，以分数高低表示病情重轻。由此可依据治疗前与治疗后的分数变化，来判断病情的轻重程度与预后转归。传统的中医病案，对病情的记录多重视采集阳性病征而疏于阴性病征，且往往以“治愈”、“显效”、“好转”、“无效”等来笼统地评价疗效，这在很大程度上影响了临床科学观察对比的准确性。症状评分法会使临床观察对比更加具体化、直观化，提高了病情的可比性和疗效判断的准确性。

为了验证观察对比方法的有效性，董建华选择了外感热病中较常见的风温肺热病为突破口。他带领学生观察了335例病人，用中医治疗的病人有202例，治疗前积分1980分，治疗后积分331分。其中，治愈165例，有效16例，无效21例，总有效率为89.6%。与此相对应，西医治疗对照组共有病人133例，治疗前积分1281分，治疗后积分285分。其中，治愈97例，有效21例，无效15例，总有效率为88.7%。经统计学处理，中医治疗组的治愈率要比西医对照组的略高。董建华还观察到，在降体温、改善舌象、改善肺部体征有效性方面，两组的差异不大。然而，在改善其他临床症状有效性方面，譬如改善脉象、降低炎性白细胞方面，中医治疗组占优势。此外，董建华还发现，中医治疗组未曾发现毒副反应的病例，而西医对照组有14例出现了毒副反应。这项研究曾获得卫生部重大科技成果奖。

晚年的董建华想建立一个计算机中医专家咨询系统，而且决定从自己的专家系统做起。他认为，应该让更多的基层大夫分享自己的经验和知识，都能像自己一样辨证施治，造福于病人。他决心把自己长达50年的经验和理论奉献出来，建立一个“董建华教授诊治胃病专家咨询系统”。他希望这个系统只是一个开始，以后日积月累，汇国内名医大家，最终建立起一个完整的中国中医辨证施治专家咨询计算机系统。

为了将董建华论治胃病的经验输入到计算机，医学人员与计算机人员密切配合。程序设计者综合整理医理设计，真实准确地实现医理思想，医理设计人员考虑便于计算机程序的实现，两者相互协调，使程序设计更服从医理设计。这类软件制成后，不但可以作为学习和咨询用，还可直接作为诊疗使用。基本做法是：

根据董建华的胃病三期、十大治则理论，对每一型的主症、次症、兼症、舌象、脉象、主方及加减药物进行计算机编码，然后存入计算机的数据库。主症即主要症状，型是病情发展的不同阶段。

主症是决定病情属于哪一型的主要条件。次症可作为决定证型的辅助条件，有次症辅助可使病情入型条件更加充分。入型条件与各种病的诊断标准意思相仿。董建华看病善于抓主症，往往抓住了两个主症就可决定病情属于哪一型。

程序设计考虑到使用者操作的方便性、程序的可靠性和灵活性等。比如，采用人机对话的方式，全部症状及其他信息采用屏幕菜单提示，这样做使症状的输入既快捷，又保证了症状输入的统一性。同时还考虑了允许使用者输入时出错，并给予改错的机会，使用户满意。采用人机对话的方式，即使用户不经培训，也能很快掌握和使用。在程序设计中，对证型采取了模式匹配方法，以及模块化程序设计和程序覆盖技术。每一证型就是一个模块，便于程序的阅读、修改。

这个专家系统在北京市怀柔区中医院进行临床验证时，每张计算机处方均经董建华审阅，接诊患者近千人次。以后又作了几项指标的观察，进行疗效统计，这是检验软件成败的最重要的标准。经医学人员统计，总有效率在87%以上，顺利地通过了专家的鉴定。辽宁省中医院使用这套软件，配以胃镜和胃电图观察，疗效均在90%以上。

“董建华教授诊治胃病专家咨询系统”的研究尚刚刚开始，但这项研究无疑是极具前瞻性和时代特点的，后辈们应该坚持不懈地继续完成他未竟的事业。

董建华的一生，极具传奇色彩。他从一个上海郊区青浦县的普通医生，经过漫长的艰辛努力，终于成为复兴中华民族医学的一位领军人物，这个过程实在令人叹为观止。他的高明医术，创新精神，令后学者景仰；他的高尚医德，令后学者崇尚。他是传承中医、光大中医传统的杰出榜样。

（撰稿人　何卫宁）

《中华中医昆仑》丛书150位医家名录

（按生年排序）

张锡纯	丁甘仁	萧龙友	王朴诚	恽铁樵
曹炳章	冉雪峰	谢　观	施今墨	汪逢春
孔伯华	黄竹斋	吴佩衡	蒲辅周	陈邦贤
李翰卿	李斯炽	姚国美	陆渊雷	张泽生
时逸人	张梦侬	叶橘泉	王聘贤	陈慎吾
邹云翔	赵炳南	承淡安	余无言	刘惠民
岳美中	沈仲圭	秦伯未	赵锡武	韦文贵
程门雪	黄文东	赵心波	董廷瑶	吴考槃
章次公	石筱山	陆南山	张赞臣	李聪甫
刘绍武	陈存仁	朱仁康	陆瘦燕	姜春华
韩百灵	高仲山	李克绍	王鹏飞	刘春圃
金寿山	哈荔田	何世英	周凤梧	干祖望
关幼波	王为兰	任应秋	罗元恺	祝谌予
杨医亚	郭士魁	何时希	耿鉴庭	俞慎初

裘沛然　顾伯华　江育仁　邓铁涛　门纯德
刘渡舟　尚天裕　朱良春　李玉奇　程士德

尚志钧　赵绍琴　董建华　米伯让　李辅仁
张珍玉　班秀文　颜正华　于己百　颜德馨

路志正　方药中　王乐匋　黄星垣　谢海洲
余桂清　何　任　王子瑜　程莘农　陈彤云

焦树德　张作舟　张　琪　李寿山　张镜人
王绵之　方和谦　印会河　王玉川　蔡小荪

李振华　马继兴　王嘉麟　宋祚民　刘弼臣
王雪苔　刘志明　吴咸中　李今庸　任继学

裴学义　王宝恩　周霭祥　贺普仁　唐由之
赵冠英　许润三　金世元　陆广莘　刘柏龄

徐景藩　吉良晨　吴定寰　沈自尹　王孝涛
张灿玾　周仲瑛　强巴赤列　张代钊　李经纬

郭维淮　柴松岩　苏荣扎布　陈可冀　李济仁
夏桂成　郭子光　巴黑·玉素甫　张学文　陈介甫